RECRUTAMENTO E SELEÇÃO DE PESSOAS

Volume 1

Davi Rodrigues Marques

Editora Davi Books

ISBN: 9786500778663

Design da capa por: Davi Rodrigues Marques

Número de controle da Biblioteca do Congresso: 2018675309

Impresso nos Estados Unidos da América e publicado na cidade de Franca-SP

ÍNDICE

RECRUTAMEN TO E SELEÇÃO DE PESSOAS

SINOPSE:

"Recrutamento e Seleção de Pessoas: Estratégias e Práticas para o Sucesso" é um guia abrangente que explora desde os conceitos básicos até as tendências emergentes no campo do recrutamento e seleção. Com foco em estratégias eficazes, diversidade e inclusão, além do uso de tecnologias, o livro oferece insights valiosos para profissionais de RH, gestores e empreendedores em busca de talentos de qualidade para impulsionar o crescimento de suas organizações. Uma leitura essencial para aqueles que desejam maximizar o potencial humano e obter sucesso nessa área crítica.

DEDICATÓRIA:

Dedico este livro a todos os profissionais de recursos humanos e gestores de equipe que entendem a importância fundamental do recrutamento e seleção no sucesso das organizações. Sua dedicação e expertise desempenham um papel vital na formação de equipes de alto desempenho e no desenvolvimento de ambientes de trabalho inspiradores.

Agradecemos a todos aqueles que se esforçam para promover a igualdade de oportunidades, a diversidade e a inclusão em seus processos de recrutamento e seleção. Sua busca pela equidade e pela justiça social fortalece a sociedade como um todo.

Por fim, dedicamos este livro a todos os candidatos a emprego que participam de processos seletivos em busca de novas oportunidades. Reconhecemos o esforço e a determinação necessários para enfrentar esse desafio e desejamos que encontrem posições que lhes permitam crescer e alcançar seus objetivos profissionais.

Que este livro seja uma contribuição significativa para o seu sucesso e para o avanço contínuo do campo do recrutamento e seleção de pessoas.

INTRODUÇÃO:

Bem-vindo ao livro "Recrutamento e Seleção de Pessoas: Estratégias e Práticas para o Sucesso". Neste guia abrangente, exploraremos os fundamentos essenciais, os desafios contemporâneos e as tendências emergentes no campo do recrutamento e seleção.

O processo de recrutar e selecionar talentos é uma das tarefas mais cruciais e complexas que as organizações enfrentam. A qualidade de seus colaboradores influencia diretamente o desempenho e o sucesso de uma empresa. Portanto, é essencial dominar as melhores práticas para atrair, avaliar e escolher profissionais que estejam alinhados com a visão e os objetivos da organização.

Neste livro, você encontrará uma análise aprofundada do processo de recrutamento e seleção, desde a criação de uma estratégia eficaz até a integração bem-sucedida dos novos membros da equipe. Também abordaremos a importância de promover a diversidade e a inclusão, bem como as tendências tecnológicas que estão transformando a área.

Esperamos que este livro seja uma fonte valiosa de conhecimento e insights para profissionais de recursos humanos, gestores, empreendedores e todos aqueles que desejam aprimorar suas habilidades no recrutamento e seleção de pessoas. Que as informações e práticas aqui apresentadas possam ajudá-lo a construir equipes talentosas, impulsionar o crescimento organizacional e alcançar resultados excepcionais.

UNIDADE 1

O processo de recrutamento e seleção é uma etapa essencial para qualquer organização que busca atrair e contratar os melhores talentos. Um planejamento adequado é fundamental para garantir que esse processo seja eficiente, eficaz e alinhado aos objetivos estratégicos da empresa. Neste capítulo, exploraremos as etapas do planejamento do processo de recrutamento e seleção, desde a identificação das necessidades de contratação até a definição das estratégias de atração de candidatos qualificados.

Identificando as Necessidades de Contratação:

Antes de iniciar o processo de recrutamento e seleção, é crucial compreender as necessidades específicas da organização em termos de recursos humanos. Isso envolve uma análise cuidadosa das demandas de pessoal em cada departamento ou área funcional. Os gestores devem colaborar com os profissionais de RH para determinar quais posições precisam ser preenchidas, levando em consideração fatores como o crescimento do negócio, mudanças organizacionais e requisitos de projetos futuros.

Elaborando a Descrição de Cargo e Perfil do Candidato:

Com as necessidades de contratação identificadas, o próximo passo é elaborar uma descrição de cargos clara e detalhada. Isso envolve a definição das responsabilidades, competências técnicas e comportamentais necessárias para o cargo em questão. Além disso, é importante estabelecer o perfil do candidato ideal, levando em consideração a cultura organizacional e os valores da empresa.

Definindo as Estratégias de Recrutamento:

Com a descrição do cargo e o perfil do candidato em mãos, é hora de determinar as estratégias de recrutamento a serem adotadas. Existem diversas opções disponíveis, desde o recrutamento interno, como promoções e transferências, até o recrutamento externo, por meio de anúncios de emprego, sites de emprego, redes sociais, consultorias especializadas, feiras de carreira, entre outros. Cada estratégia possui vantagens e desvantagens, e a escolha deve ser baseada nas necessidades específicas da organização e no público-alvo desejado.

Definindo o Processo de Seleção:

Além do recrutamento, é fundamental planejar o processo de seleção. Isso inclui determinar as etapas de avaliação dos candidatos, como análise curricular, testes técnicos, dinâmicas de grupo, entrevistas individuais e referências. Cada etapa deve ser cuidadosamente projetada para avaliar as competências e habilidades dos candidatos em relação aos requisitos do cargo. É importante também definir quais serão os critérios utilizados na seleção final dos candidatos, garantindo uma decisão objetiva e imparcial.

Estabelecendo um Cronograma e Orçamento:

Um planejamento eficaz também envolve o estabelecimento de um cronograma e orçamento para o processo de recrutamento e seleção. Definir prazos claros para cada etapa do processo ajudará a manter o fluxo de trabalho e evitar atrasos. Além disso, é necessário considerar os recursos financeiros necessários, como custos de anúncios, honorários de consultorias, despesas de viagem, entre outros. Um orçamento bem definido contribuirá para um processo de recrutamento e seleção eficiente e dentro das possibilidades da organização.

Conclusão:

O planejamento adequado do processo de recrutamento e seleção é fundamental para garantir o sucesso na contratação de talentos. A identificação das necessidades de contratação, a elaboração da descrição de cargo e perfil do candidato, a definição das estratégias de recrutamento, o estabelecimento do processo de seleção e a criação de um cronograma e orçamento são elementos-chave para um planejamento eficiente. Ao investir tempo e esforço nessa fase inicial, as organizações aumentam suas chances de atrair e selecionar os candidatos mais qualificados, alinhando-os às necessidades e objetivos da empresa. No próximo capítulo, exploraremos em detalhes as estratégias de recrutamento.

UNIDADE 2

Estratégias de Recrutamento

No mundo empresarial competitivo de hoje, uma estratégia eficaz de recrutamento é fundamental para atrair e selecionar os melhores talentos disponíveis no mercado de trabalho. O objetivo deste capítulo é fornecer uma visão detalhada das diferentes estratégias de recrutamento que as organizações podem adotar para encontrar candidatos qualificados e compatíveis com suas necessidades e cultura corporativa. Abordaremos desde métodos tradicionais até as mais recentes tendências e abordagens inovadoras.

Planejamento do Recrutamento:

Antes de iniciar o processo de recrutamento, é essencial um planejamento cuidadoso para garantir que as estratégias adotadas sejam adequadas e alinhadas aos objetivos organizacionais. O planejamento envolve a identificação das necessidades de pessoal, a definição dos perfis de competências e habilidades desejados, a determinação do orçamento disponível e a definição do cronograma de recrutamento. Um planejamento bem estruturado ajuda a otimizar os recursos e a aumentar as chances de sucesso no recrutamento.

Estratégias Tradicionais de Recrutamento

Anúncios de Emprego:

Os anúncios de emprego são uma das estratégias de recrutamento mais comuns. Eles podem ser veiculados em jornais, revistas especializadas, sites de emprego, redes sociais e intranets corporativas. Ao redigir um anúncio de emprego, é importante ser claro e objetivo, descrevendo as responsabilidades do cargo, os requisitos necessários e os benefícios oferecidos. Os anúncios devem ser direcionados para os meios de comunicação onde o público-alvo provavelmente estará presente.

Banco de Talentos:

Manter um banco de talentos é uma estratégia proativa para recrutamento. Consiste em coletar currículos e informações de candidatos interessados em trabalhar na organização, mesmo que não haja vagas imediatas disponíveis. Isso permite que a empresa tenha um grupo pré-selecionado de candidatos para futuras oportunidades. Um banco de talentos pode ser gerenciado por meio de sistemas de gerenciamento de candidatos (ATS) ou por meio de processos manuais.

Indicações de Funcionários:

As indicações de funcionários são uma estratégia valiosa para encontrar talentos qualificados. Os funcionários da empresa são incentivados a indicar pessoas de sua rede de contatos que possam se encaixar nos requisitos de um determinado cargo. Essa estratégia aproveita a rede de relacionamentos dos funcionários e pode resultar em candidatos de alta qualidade, além de aumentar o engajamento e o sentimento de pertencimento na equipe.

Estratégias Digitais de Recrutamento

Redes Sociais:

As redes sociais desempenham um papel cada vez

mais importante no recrutamento. Plataformas como LinkedIn, Facebook e Twitter oferecem a oportunidade de alcançar um grande número de profissionais em diferentes setores e níveis de experiência. As empresas podem criar perfis corporativos, divulgar oportunidades de emprego, interagir com os candidatos e buscar ativamente por profissionais com base em suas habilidades e histórico de trabalho.

Employer Branding Online:

O employer branding online envolve a construção de uma imagem positiva da empresa como empregadora nas plataformas digitais. Isso pode ser feito por meio de blogs corporativos, postagens nas redes sociais, vídeos institucionais e depoimentos de funcionários. Ao apresentar uma cultura corporativa atraente e valores sólidos, as empresas podem atrair candidatos que se identifiquem com sua marca e sejam motivados a fazer parte da organização.

Sites de Emprego Especializados e Agências de Recrutamento Online:

Os sites de emprego especializados e as agências de recrutamento online são plataformas que conectam candidatos e empregadores. Essas plataformas oferecem recursos como filtros de pesquisa avançados, que permitem aos empregadores encontrar candidatos com as competências específicas desejadas. Essa estratégia é particularmente útil para recrutamentos técnicos ou setores especializados.

Estratégias Inovadoras de Recrutamento

Hackathons e Competições de Desenvolvimento:

Hackathons e competições de desenvolvimento são eventos onde os candidatos são desafiados a resolver problemas ou desenvolver projetos em um determinado período de tempo. Essa estratégia permite avaliar as habilidades técnicas dos candidatos e sua capacidade de trabalhar em equipe. Além disso, esses eventos podem atrair talentos altamente motivados e criativos.

Programas de Estágio e Trainee:

Os programas de estágio e trainee são uma maneira eficaz de identificar e desenvolver talentos jovens. As empresas oferecem oportunidades de aprendizado e crescimento para estudantes e recém-formados, permitindo que eles adquiram experiência prática e se familiarizem com a cultura organizacional. Esses programas também podem funcionar como um canal para a contratação efetiva de novos funcionários no longo prazo.

Parcerias com Universidades e Instituições de Ensino:

Estabelecer parcerias com universidades e instituições de ensino é uma estratégia valiosa para atrair talentos promissores. Essas parcerias podem incluir palestras, workshops, feiras de empregos e programas de mentoria. Ao se envolver com a comunidade acadêmica, as empresas têm acesso a um pool diversificado de candidatos talentosos e podem moldar o desenvolvimento de futuros profissionais.

Conclusão:

O recrutamento eficaz é essencial para a construção de uma equipe talentosa e engajada. Neste capítulo, exploramos diversas estratégias de recrutamento, desde as tradicionais até as inovadoras, destacando a importância do planejamento e da adaptação às tendências digitais. Cada organização deve escolher as estratégias que melhor se adequam às suas necessidades e recursos, visando atrair os candidatos certos para impulsionar o sucesso organizacional. No próximo capítulo, exploraremos o processo de triagem e seleção dos candidatos.

UNIDADE 3

Seleção de Candidatos

A seleção de candidatos é uma etapa crucial do processo de recrutamento e seleção, pois é nessa fase que os profissionais de RH buscam identificar os candidatos mais qualificados e adequados para ocupar determinada posição na organização. Neste capítulo, exploraremos as diferentes etapas e técnicas utilizadas na seleção de candidatos, bem como as melhores práticas para garantir a escolha dos candidatos certos.

Seção 1: Triagem Inicial de Currículos:

Análise de Currículos: A primeira etapa da seleção é a análise dos currículos recebidos. Nesse processo, é essencial que os profissionais de RH sejam capazes de identificar os candidatos que possuam as qualificações e experiências necessárias para o cargo em questão. A análise de currículos envolve uma avaliação cuidadosa dos detalhes, como histórico profissional, educação, habilidades e certificações. É importante também estar atento a possíveis lacunas ou inconsistências nas informações fornecidas.

Alinhamento aos Requisitos da Vaga: Durante a análise de currículos, é fundamental verificar se os candidatos atendem aos requisitos estabelecidos para a vaga. Os profissionais de RH devem ter uma compreensão clara dos critérios e das habilidades necessárias para o cargo, a fim de realizar uma triagem adequada. Além disso, é importante avaliar se os candidatos possuem o perfil cultural desejado pela organização.

Uso de Sistemas de Rastreamento de Candidatos (ATS): Com o volume crescente de candidaturas recebidas, os sistemas de rastreamento de candidatos (ATS) se tornaram ferramentas essenciais para a triagem inicial de currículos. Esses sistemas permitem a organização e a filtragem dos currículos com base em palavras-chave, experiência relevante e outros critérios estabelecidos. Os ATSs também facilitam a comunicação com os candidatos, fornecendo atualizações automáticas sobre o status de suas candidaturas.

Seção 2: Entrevistas:

Entrevistas Iniciais: Após a triagem inicial de currículos, é hora de avançar para a fase de entrevistas. As entrevistas iniciais são oportunidades para conhecer melhor os candidatos, avaliar suas habilidades de comunicação e obter mais informações sobre suas experiências profissionais. É importante preparar um conjunto de perguntas relevantes e estruturadas, abordando aspectos como histórico de trabalho, motivação, adaptação a desafios e expectativas em relação ao cargo. Essas entrevistas podem ser realizadas por telefone, vídeoconferência ou pessoalmente, dependendo da localização dos candidatos.

Entrevistas Comportamentais: As entrevistas comportamentais têm se mostrado eficazes para avaliar como os candidatos lidam com situações específicas no ambiente de trabalho. Nesse tipo de entrevista, os profissionais de RH exploram exemplos concretos de situações passadas em que os candidatos enfrentaram desafios, tomaram decisões difíceis ou demonstraram habilidades relevantes para o cargo. Essas perguntas são formuladas de forma a obter respostas baseadas em experiências reais, proporcionando uma visão mais clara das competências dos candidatos.

Entrevistas por Competências: As entrevistas por competências são uma abordagem estruturada que busca identificar as habilidades específicas necessárias para o cargo em questão. Essas competências podem incluir liderança, resolução de problemas, trabalho em equipe, capacidade de adaptação, entre outras. Durante as entrevistas por competências, os profissionais de RH fazem perguntas direcionadas a cada competência, buscando exemplos específicos de experiências anteriores dos candidatos que demonstrem a aplicação dessas habilidades.

Painel de Entrevistadores: Em alguns casos, pode ser vantajoso envolver um painel de entrevistadores, composto por diferentes profissionais da empresa. Isso permite obter diferentes perspectivas sobre os candidatos e uma avaliação mais abrangente. O painel de entrevistadores pode incluir representantes do departamento de RH, gerentes de equipe, membros da equipe com quem o candidato irá interagir e outros profissionais relevantes.

Seção 3: Testes e Avaliações:

Testes de Habilidades e Conhecimentos: Além das entrevistas, os testes de habilidades e conhecimentos podem ser utilizados para avaliar as capacidades técnicas dos candidatos. Esses testes podem variar de acordo com a natureza do cargo e podem incluir testes práticos, questionários, estudos de caso ou exames escritos. Os testes devem ser elaborados de forma a avaliar as habilidades e conhecimentos específicos requeridos para o cargo, garantindo assim uma avaliação precisa das competências dos candidatos.

Testes Psicométricos: Os testes psicométricos são ferramentas que auxiliam na avaliação dos aspectos psicológicos e comportamentais dos candidatos. Eles medem traços de personalidade, inteligência emocional, aptidões cognitivas, entre outros fatores relevantes. Esses testes podem fornecer informações valiosas sobre como os candidatos lidam com o estresse, tomam decisões, se relacionam com os outros e se adaptam a diferentes situações. É importante lembrar que os testes psicométricos devem ser aplicados e interpretados por profissionais treinados para garantir resultados confiáveis e éticos.

Avaliação de Casos e Dinâmicas de Grupo: As avaliações de casos e dinâmicas de grupo são utilizadas para observar o desempenho dos candidatos em situações simuladas de trabalho. Elas podem envolver a resolução de problemas, discussões em grupo, simulações de reuniões ou apresentações. Essas atividades fornecem insights sobre as habilidades de comunicação, trabalho em equipe, resolução de problemas e tomada de decisões dos candidatos. Os profissionais de RH devem observar atentamente o comportamento e as interações dos candidatos durante essas atividades, registrando as observações para análise posterior.

Seção 4: Verificação de Referências e Background:

Verificação de Referências Profissionais: A verificação de referências profissionais é uma etapa importante para obter informações adicionais sobre os candidatos. É recomendável entrar em contato com os antigos empregadores dos candidatos para verificar a veracidade das informações fornecidas e obter insights sobre o desempenho passado, comportamento no trabalho e habilidades interpessoais dos candidatos. Durante essa verificação, é essencial fazer as perguntas certas, respeitando a privacidade dos candidatos e buscando obter uma visão equilibrada e imparcial.

Verificação de Antecedentes e Análise de Crédito: Em algumas situações, dependendo da natureza do cargo e da política da empresa, pode ser necessário realizar verificações de antecedentes criminais, checagem de histórico acadêmico e análise de crédito. Essas verificações têm como objetivo garantir a segurança da organização e a adequação do candidato para determinadas responsabilidades. É importante seguir as leis e regulamentações locais e obter o consentimento do candidato antes de realizar essas verificações.

Avaliação de Mídias Sociais: A presença nas mídias sociais tem se tornado cada vez mais relevante na seleção de candidatos. Os profissionais de RH podem realizar uma pesquisa nas redes sociais para obter informações adicionais sobre os candidatos. No entanto, é importante exercer cautela e ética nesse processo, evitando discriminação ou julgamentos precipitados com base em informações pessoais que não estejam diretamente relacionadas ao desempenho profissional.

Conclusão:

A seleção de candidatos é um processo complexo e crucial para garantir que a organização contrate profissionais talentosos e alinhados aos objetivos e valores da empresa. Neste capítulo, abordamos as diferentes etapas e técnicas utilizadas na seleção de candidatos, desde a triagem inicial de currículos até a verificação de referências e antecedentes. É fundamental que os profissionais de RH sigam as melhores práticas e sejam criteriosos em cada etapa do processo, garantindo uma seleção justa, objetiva e eficaz. Ao implementar as técnicas e estratégias adequadas, as organizações têm maior probabilidade de identificar os candidatos ideais para suas vagas, contribuindo para o sucesso e crescimento da empresa.

UNIDADE 4

Avaliando as Competências

No processo de recrutamento e seleção de pessoas, a avaliação das competências dos candidatos é um passo crucial. As competências são habilidades, conhecimentos, atributos e características pessoais que são relevantes para o desempenho efetivo em determinada função ou cargo. Neste capítulo, exploraremos diferentes métodos e técnicas para avaliar as competências dos candidatos, fornecendo uma visão detalhada sobre como identificar as habilidades necessárias e garantir uma seleção precisa.

Identificação das Competências Requeridas:

Antes de iniciar a avaliação das competências, é fundamental identificar claramente quais habilidades são necessárias para desempenhar o papel em questão. Isso pode ser feito por meio de um perfil de competências, que descreve as habilidades técnicas, comportamentais e as características desejadas para o cargo. A colaboração entre o departamento de Recursos Humanos e os gestores da área é crucial nesse processo, a fim de obter uma compreensão completa das necessidades do cargo.

Competências Técnicas:

As competências técnicas referem-se ao conhecimento específico relacionado à área de atuação. Para avaliar essas competências, é possível utilizar métodos como testes práticos, estudos de caso ou análise de portfólio. Por exemplo, um desenvolvedor de software pode ser solicitado a resolver problemas de programação ou a demonstrar suas habilidades de codificação durante uma entrevista técnica.

Competências Comportamentais:

As competências comportamentais estão relacionadas ao comportamento e às características pessoais do candidato. Elas incluem habilidades de comunicação, liderança, trabalho em equipe, resolução de problemas, entre outras. Para avaliar essas competências, podem ser utilizados métodos como entrevistas comportamentais, dinâmicas de grupo, testes de personalidade e referências profissionais. Durante as entrevistas comportamentais, é comum utilizar perguntas situacionais para analisar como o candidato lidou com desafios passados e como ele se comportaria em situações semelhantes no futuro.

Competências Adaptativas:

As competências adaptativas são aquelas que demonstram a capacidade do candidato de se adaptar a mudanças, aprender rapidamente e lidar com novas situações. Essas habilidades são especialmente importantes em um mundo empresarial em constante evolução. Para avaliar as competências adaptativas, pode-se recorrer a testes psicométricos, questionários de avaliação de estilo de trabalho e entrevistas que explorem a capacidade de aprendizado e a flexibilidade do candidato.

Métodos de Avaliação de Competências:

Existem diversas técnicas disponíveis para avaliar as competências dos candidatos. Cada método possui vantagens e desvantagens, e a escolha do método adequado dependerá das necessidades da organização, da função em questão e dos recursos disponíveis. Abaixo, destacam-se alguns métodos comumente utilizados:

Entrevistas Estruturadas:

As entrevistas estruturadas envolvem a elaboração de um roteiro de perguntas padronizadas que são feitas a todos os candidatos. Essas perguntas são projetadas para avaliar as competências relevantes para o cargo. A estrutura padronizada permite uma comparação mais justa entre os candidatos, facilitando a seleção com base em critérios objetivos.

Testes e Exames:

Os testes e exames podem ser utilizados para avaliar as competências técnicas dos candidatos. Eles podem incluir testes de conhecimento específico, testes práticos, questionários ou avaliações online. Esses testes fornecem uma medida objetiva das habilidades dos candidatos e podem ser especialmente úteis para cargos que requerem habilidades técnicas específicas, como programação, design gráfico ou contabilidade.

Dinâmicas de Grupo e Simulações:

As dinâmicas de grupo e as simulações são métodos interativos de avaliação de competências. Nesses exercícios, os candidatos são colocados em situações simuladas que refletem desafios reais do ambiente de trabalho. Os observadores avaliam o desempenho dos candidatos com base em critérios predefinidos, como liderança, trabalho em equipe, tomada de decisão e habilidades de resolução de problemas.

Avaliação de Desempenho Anterior:

A avaliação do desempenho anterior é um método que envolve a análise do histórico profissional dos candidatos, por meio de referências profissionais, análise de currículo e investigação de realizações passadas. Essa abordagem fornece insights valiosos sobre as competências do candidato com base em experiências anteriores, permitindo uma previsão de seu desempenho futuro.

Avaliação Holística das Competências:

É importante lembrar que a avaliação das competências não deve se basear exclusivamente em um único método ou técnica. Para garantir uma seleção mais precisa, é recomendável utilizar uma abordagem holística, combinando diferentes métodos de avaliação. Dessa forma, é possível obter uma visão mais completa e abrangente das competências dos candidatos, minimizando viéses e aumentando a objetividade.

Conclusão:

A avaliação das competências é uma etapa fundamental no processo de recrutamento e seleção de pessoas. Identificar e selecionar candidatos com as habilidades adequadas é essencial para o sucesso da organização. Neste capítulo, discutimos a importância de identificar as competências requeridas, exploramos diferentes métodos de avaliação e destacamos a importância de uma abordagem holística. Ao aplicar técnicas de avaliação adequadas, as empresas podem tomar decisões mais informadas e contratar os profissionais mais qualificados para suas necessidades específicas.

UNIDADE 5

Gestão do Processo de Seleção

A gestão do processo de seleção é uma etapa crucial para garantir que a empresa contrate os candidatos certos para suas vagas. Neste capítulo, vamos explorar os principais aspectos da gestão do processo de seleção, desde o planejamento até a finalização da contratação. Discutiremos estratégias eficazes para atrair candidatos qualificados, técnicas de triagem de currículos, realização de entrevistas estruturadas, avaliação de competências e tomada de decisão. Ao final, você estará apto a conduzir um processo de seleção eficiente e objetivo.

Planejamento do Processo Seletivo:

Antes de iniciar o processo de seleção, é fundamental realizar um planejamento adequado. Essa etapa envolve a definição clara dos requisitos do cargo, a criação de um perfil de competências desejadas, a definição dos critérios de seleção e a elaboração de um cronograma.

Requisitos do Cargo:

Comece identificando os requisitos essenciais do cargo em aberto. Isso inclui as habilidades, conhecimentos, experiência e competências comportamentais necessárias para desempenhar com sucesso as responsabilidades da função. Certifique-se de que esses requisitos sejam realistas e alinhados com os objetivos da empresa.

Perfil de Competências:

Com base nos requisitos do cargo, elabore um perfil de competências que descreva as habilidades e comportamentos desejados no candidato. Isso ajudará a direcionar o processo seletivo e facilitará a avaliação dos candidatos durante as etapas subsequentes.

Critérios de Seleção:

Defina os critérios específicos que serão utilizados para avaliar os candidatos. Esses critérios devem estar diretamente relacionados ao perfil de competências e podem incluir qualificações acadêmicas, experiência profissional, habilidades técnicas, habilidades interpessoais, entre outros.

Cronograma:

Estabeleça um cronograma claro e realista para o processo seletivo, considerando as datas de divulgação da vaga, prazo para recebimento de currículos, datas das entrevistas, prazos para testes ou dinâmicas de grupo e a data estimada para a finalização da contratação. Um cronograma bem definido ajuda a manter o processo organizado e evita atrasos desnecessários.

Atração de Candidatos Qualificados:

A atração de candidatos qualificados é uma etapa fundamental para o sucesso do processo seletivo. Existem diversas estratégias eficazes que podem ser adotadas para atrair talentos relevantes.

Descrição de Vaga Atrativa:

Elabore uma descrição de vaga clara e atrativa, destacando os principais aspectos do cargo e os benefícios de trabalhar na empresa. Utilize linguagem persuasiva e objetiva, destacando os requisitos, as oportunidades de crescimento e os diferenciais da organização.

Divulgação Estratégica:

Utilize canais de divulgação adequados para atingir o público-alvo desejado. Isso pode incluir anúncios em sites de emprego, redes sociais profissionais, parcerias com universidades ou escolas técnicas, e até mesmo o uso de programas de indicação de funcionários.

Employer Branding:

Invista no fortalecimento da imagem da empresa como um bom lugar para se trabalhar. Isso pode ser feito por meio de ações de marketing interno, participação em eventos do setor, compartilhamento de depoimentos positivos de funcionários nas redes sociais e criação de conteúdo relevante sobre a cultura organizacional.

Triagem de Currículos:

Após receber os currículos dos candidatos, é necessário realizar uma triagem para identificar os perfis mais alinhados aos requisitos do cargo. Existem algumas técnicas que podem ser aplicadas nesta etapa.

Análise Objetiva:

Analise os currículos de forma objetiva, verificando se os candidatos atendem aos requisitos mínimos estabelecidos. Descarte aqueles que claramente não atendem às expectativas, como candidatos com qualificações insuficientes ou sem experiência relevante.

Uso de Palavras-Chave:

Utilize palavras-chave relacionadas aos requisitos do cargo para identificar rapidamente candidatos que possam ser interessantes. Faça uma busca por termos específicos nos currículos, como habilidades técnicas, formação acadêmica, experiência em determinadas áreas, entre outros.

Ferramentas de Triagem Automatizada:

Considere o uso de ferramentas de triagem automatizada, como softwares de análise de currículos. Essas ferramentas podem ajudar a filtrar rapidamente os currículos com base em critérios predefinidos, economizando tempo e facilitando o processo seletivo.

Entrevistas Estruturadas:

As entrevistas são uma etapa crucial para avaliar os candidatos de forma mais aprofundada. A utilização de entrevistas estruturadas aumenta a objetividade e a consistência do processo.

Roteiro de Perguntas:

Elabore um roteiro de perguntas com base no perfil de competências e nos critérios de seleção estabelecidos. Inclua perguntas comportamentais, que buscam entender como o candidato lidou com situações específicas no passado, e perguntas situacionais, que avaliam como o candidato reagiria a determinadas circunstâncias.

Avaliação de Competências:

Utilize uma escala de avaliação para pontuar as respostas dos candidatos de acordo com os critérios estabelecidos. Isso ajudará a comparar os candidatos de forma mais objetiva e a identificar aqueles que melhor se encaixam no perfil desejado.

Entrevistas em Painel:

Considere a realização de entrevistas em painel, com a participação de diversos entrevistadores. Isso permite obter diferentes perspectivas sobre os candidatos e reduzir possíveis vieses individuais.

Avaliação de Competências:

Além das entrevistas, é importante utilizar outras ferramentas para avaliar as competências dos candidatos de forma mais abrangente.

Testes e Exercícios:

Desenvolva testes e exercícios práticos que permitam avaliar as habilidades técnicas dos candidatos. Isso pode incluir testes de conhecimentos específicos, resolução de problemas, estudos de caso ou simulações de tarefas relacionadas ao cargo.

Dinâmicas de Grupo:

Realize dinâmicas de grupo para avaliar as habilidades interpessoais e a capacidade dos candidatos de trabalhar em equipe. Essas atividades podem envolver discussões, resolução de problemas em grupo ou atividades práticas que requerem colaboração.

Referências Profissionais:

Entre em contato com as referências profissionais fornecidas pelos candidatos para obter informações adicionais sobre suas experiências anteriores e desempenho. Isso pode ajudar a confirmar as informações apresentadas pelo candidato e fornecer insights valiosos sobre sua adequação ao cargo.

Tomada de Decisão:

Ao final do processo seletivo, é necessário tomar uma decisão informada sobre quais candidatos serão selecionados para a próxima etapa ou para a contratação.

Comparação dos Candidatos:

Compare os candidatos com base nos critérios de seleção estabelecidos. Analise suas habilidades, experiências, competências e desempenho durante as etapas do processo seletivo. Leve em consideração a adequação ao perfil de competências e a capacidade de contribuir para os objetivos da empresa.

Avaliação dos Resultados:

Analise os resultados das entrevistas, testes, exercícios e referências profissionais para tomar uma decisão embasada. Considere os pontos fortes e fracos de cada candidato, bem como a compatibilidade com a cultura organizacional e os valores da empresa.

Feedback aos Candidatos:

Após finalizar o processo de seleção e tomar a decisão, forneça um feedback aos candidatos, especialmente para aqueles que não foram selecionados. Isso demonstra respeito e transparência, além de permitir que os candidatos compreendam os motivos da decisão e possam se desenvolver para futuras oportunidades.

Conclusão:

A gestão do processo de seleção é uma responsabilidade fundamental para as empresas que desejam contratar os candidatos mais qualificados. Ao planejar adequadamente, atrair candidatos qualificados, realizar entrevistas estruturadas, avaliar competências e tomar decisões informadas, é possível construir uma equipe talentosa e alinhada aos objetivos da organização. Utilize as estratégias e técnicas abordadas neste capítulo para conduzir um processo seletivo eficiente e objetivo, garantindo o sucesso na contratação de novos colaboradores.

UNIDADE 6

Onboarding e Retenção de Talentos

O onboarding eficaz vai além da simples integração de novos membros à equipe. Trata-se de um processo abrangente que visa acolher, orientar e capacitar os funcionários recém-contratados, proporcionando-lhes as informações, habilidades e recursos necessários para se tornarem produtivos e engajados desde o primeiro dia.

Por sua vez, a retenção de talentos envolve a implementação de estratégias e práticas destinadas a manter os funcionários talentosos e valiosos na organização. Isso é fundamental para evitar a perda de conhecimento, a interrupção das operações e os custos associados à rotatividade de pessoal.

Neste capítulo, exploraremos em detalhes o onboarding e a retenção de talentos, destacando sua importância, os benefícios de um processo bem executado e as estratégias eficazes para implementá-los em sua organização. Ao entender e aplicar esses conceitos, você estará construindo uma base sólida para o sucesso a longo prazo, promovendo um ambiente de trabalho positivo e produtivo e retendo os melhores talentos em sua equipe.

Agora, vamos explorar as melhores práticas e abordagens para garantir que seus novos funcionários sejam integrados com sucesso à cultura da empresa e que sua organização seja capaz de reter os talentos que são essenciais para seu crescimento e sucesso.

O que é Onboarding?

O onboarding, também conhecido como integração de novos funcionários, refere-se ao processo de acolher, orientar e capacitar os novos membros da equipe, proporcionando-lhes as informações, ferramentas e recursos necessários para se tornarem produtivos e engajados em suas funções. É um processo que vai além de simplesmente fornecer um manual do funcionário ou uma breve apresentação da empresa. O onboarding eficaz envolve a criação de um ambiente acolhedor, onde os novos funcionários se sintam valorizados, engajados e prontos para contribuir desde o primeiro dia.

Benefícios do onboarding eficaz:

Um programa de onboarding bem estruturado traz uma série de benefícios tanto para a organização quanto para os novos funcionários. Alguns dos principais benefícios incluem:

Redução do tempo de adaptação: Um processo de onboarding eficaz ajuda os funcionários a se integrarem rapidamente à cultura da empresa, às equipes e às responsabilidades do cargo, acelerando sua produtividade.

Maior produtividade: Ao fornecer as informações e o treinamento necessários, o onboarding ajuda os funcionários a se sentirem confiantes e capacitados para realizar suas tarefas com eficiência.

Engajamento e satisfação dos funcionários: Um processo de onboarding bem estruturado demonstra aos novos funcionários que eles são valorizados e fazem parte de algo maior. Isso ajuda a construir um senso de pertencimento, aumentando o engajamento e a satisfação no trabalho.

Retenção de talentos: Um onboarding eficaz contribui para a retenção de funcionários, pois cria um ambiente positivo, no qual os colaboradores se sentem apoiados e desenvolvidos, aumentando a probabilidade de permanecerem na empresa a longo prazo.

Componentes de um programa de onboarding eficaz:

Um programa de onboarding eficaz deve abranger uma variedade de componentes para garantir a integração e o sucesso dos novos funcionários. Alguns dos principais componentes incluem:

Preparação pré-entrada:

Antes mesmo do primeiro dia de trabalho, é essencial que a empresa se comunique com o novo funcionário. Isso pode incluir o envio de um pacote de boas-vindas com informações sobre a empresa, sua missão, visão e valores, bem como os documentos necessários para o processo de contratação. Além disso, é importante designar um mentor ou colega de equipe para auxiliar o novo funcionário durante o processo de onboarding.

Orientação:

Nos primeiros dias, é crucial realizar uma recepção calorosa para o novo funcionário. Isso pode incluir uma apresentação geral da empresa, uma introdução às equipes e colegas de trabalho, uma visita às instalações e uma explicação sobre as políticas e procedimentos internos. Essa etapa ajuda o funcionário a se sentir bem-vindo e familiarizado com o ambiente de trabalho.

Treinamento:

O treinamento é uma parte essencial do onboarding, pois capacita os novos funcionários com as habilidades e conhecimentos necessários para desempenharem suas funções com excelência. Isso pode incluir treinamentos formais, workshops, e-learning, tutoriais práticos e acesso a recursos internos. O treinamento deve ser personalizado de acordo com as necessidades individuais do funcionário e o cargo que ele irá desempenhar.

Mentoria e acompanhamento:

Uma parte fundamental do onboarding é o fornecimento de suporte contínuo ao novo funcionário. Isso pode ser feito por meio de um programa de mentoria, no qual um colaborador experiente é designado para orientar e aconselhar o novo funcionário em sua jornada. Além disso, é importante realizar reuniões regulares de acompanhamento para discutir o progresso, fornecer feedback construtivo e identificar oportunidades de desenvolvimento.

Fases do Onboarding:

Pré-entrada:

A fase de pré-entrada do onboarding ocorre antes do primeiro dia de trabalho do novo funcionário. Durante essa fase, é fundamental fornecer informações claras e relevantes para ajudar o funcionário a se preparar para sua nova função. Isso pode incluir a comunicação sobre horários de trabalho, localização, detalhes do dress code, documentação necessária e quaisquer outras informações importantes que facilitem a transição suave para a empresa.

Primeiros dias:

Os primeiros dias de um novo funcionário na empresa são cruciais para estabelecer uma base sólida e criar uma impressão positiva. Nessa fase, é essencial oferecer uma recepção calorosa e bem-organizada, na qual o novo funcionário seja apresentado à equipe, aos líderes e à cultura da empresa. Além disso, deve-se fornecer as informações básicas, como a localização dos departamentos, as políticas internas, a estrutura organizacional e as expectativas do cargo.

Primeiras semanas:

Durante as primeiras semanas, o foco do onboarding deve ser aprofundar o conhecimento e as habilidades necessárias para o desempenho eficaz do trabalho. Isso pode incluir treinamentos específicos sobre as tarefas e processos relacionados à função, apresentações mais detalhadas sobre as políticas e procedimentos da empresa, bem como a integração com as equipes de trabalho e o estabelecimento de relacionamentos profissionais.

Primeiros meses:

Nos primeiros meses, é importante manter o acompanhamento do novo funcionário e fornecer o suporte necessário para garantir sua adaptação contínua. Durante essa fase, podem ocorrer avaliações de desempenho, reuniões de feedback e identificação de oportunidades de desenvolvimento adicional. Além disso, o novo funcionário deve ser encorajado a participar ativamente das atividades da empresa, como eventos, treinamentos adicionais e projetos colaborativos.

Estratégias de Retenção de Talentos:

A retenção de talentos é um fator crítico para o sucesso e o crescimento de uma organização. A perda de funcionários talentosos pode resultar em custos significativos, como despesas de recrutamento, treinamento de substitutos e a diminuição da produtividade durante o período de transição. Além disso, a rotatividade excessiva pode afetar negativamente a moral da equipe, a cultura organizacional e a reputação da empresa.

Identificação dos fatores de retenção:

Para desenvolver uma estratégia eficaz de retenção de

talentos, é fundamental compreender os fatores que influenciam a permanência dos funcionários na organização. Alguns dos principais fatores incluem:

Cultura organizacional: Uma cultura positiva, inclusiva e que valoriza os colaboradores é um fator-chave para reter talentos. Os funcionários devem sentir-se conectados aos valores e propósitos da empresa, além de terem oportunidades de crescimento e desenvolvimento.

Oportunidades de desenvolvimento e crescimento: Os funcionários buscam desafios e oportunidades para aprimorar suas habilidades e avançar em suas carreiras. A empresa deve oferecer programas de treinamento, mentoring, coaching e planos de carreira claros para manter seus talentos engajados.

Reconhecimento e recompensas: Reconhecer e recompensar o bom desempenho é fundamental para manter os funcionários motivados e satisfeitos. Isso pode incluir programas de reconhecimento, remuneração competitiva, benefícios atraentes e oportunidades de promoção.

Equilíbrio entre vida pessoal e profissional: Um equilíbrio saudável entre trabalho e vida pessoal é cada vez mais valorizado pelos funcionários. A empresa deve promover políticas flexíveis, horários de trabalho razoáveis e programas de bem-estar para atender às necessidades individuais dos colaboradores.

Desenvolvimento de um plano de retenção:

Para reter talentos, é importante desenvolver um plano de retenção abrangente e personalizado às necessidades da organização. Algumas ações a serem consideradas incluem:

Programas de desenvolvimento de carreira: Oferecer oportunidades de crescimento e progressão profissional por meio de programas de treinamento, mentoring e job rotation.

Benefícios competitivos: Rever e atualizar os benefícios oferecidos pela empresa, como plano de saúde, seguro de vida, auxílio-educação e benefícios flexíveis.

Programas de reconhecimento e recompensas: Implementar programas de reconhecimento que valorizem o desempenho excepcional, como premiações, bônus ou programas de incentivo.

Feedback regular e avaliação de desempenho: Fornecer feedback contínuo aos funcionários, estabelecendo metas claras e realizando avaliações de desempenho regulares para identificar oportunidades de desenvolvimento e reconhecer conquistas.

Fomentar uma cultura de aprendizado e inovação: Estimular a aprendizagem contínua e a inovação por meio de programas de capacitação, brainstorming e incentivo à experimentação de novas ideias.

Cultura organizacional e retenção:

Uma cultura organizacional sólida é um fator essencial na retenção de talentos. Uma cultura positiva e inclusiva cria um ambiente de trabalho saudável, onde os funcionários se sentem valorizados, respeitados e motivados a contribuir para o sucesso da empresa. Para promover uma cultura organizacional positiva, algumas estratégias podem ser implementadas, como:

-Definir valores claros e comunicá-los consistentemente.

-Estabelecer canais de comunicação abertos e transparentes.

-Promover o trabalho em equipe e a colaboração.

-Incentivar o reconhecimento mútuo e a celebração de

conquistas.

-Oferecer oportunidades de envolvimento em projetos e iniciativas relevantes.

-Estabelecer um ambiente inclusivo, livre de preconceitos e discriminação.

Conclusão:

O onboarding adequado e uma estratégia eficaz de retenção de talentos são fundamentais para atrair, engajar e manter os melhores profissionais em sua organização. Ao investir tempo e recursos nessas etapas, você estará estabelecendo as bases para o sucesso contínuo e o crescimento de sua empresa. Lembre-se de que cada empresa é única, portanto, adapte as estratégias e a abordagem às necessidades específicas de sua organização. Ao criar um ambiente acolhedor, oferecer oportunidades de desenvolvimento e cultivar uma cultura organizacional positiva, você estará fortalecendo sua capacidade de reter talentos e alcançar o sucesso a longo prazo.

UNIDADE 7

*Offboarding Encerramento
do Ciclo de Contratação*

O processo de recrutamento e seleção não termina com a contratação de um novo colaborador. É igualmente importante dar a devida atenção ao encerramento do ciclo de contratação quando um funcionário está se desligando da empresa. Esse estágio, conhecido como offboarding, desempenha um papel essencial no gerenciamento adequado dos recursos humanos e na manutenção de uma boa reputação da empresa. Neste capítulo, exploraremos em detalhes o offboarding, discutindo sua importância, objetivos e melhores práticas para garantir uma transição suave e positiva tanto para o colaborador quanto para a organização.

Importância do Offboarding:

O offboarding é frequentemente subestimado em relação a outras etapas do ciclo de contratação. No entanto, ele desempenha um papel crucial na conclusão do ciclo de vida do empregado. Um offboarding eficiente é fundamental para preservar a imagem da empresa, fortalecer as relações com os ex-colaboradores e proteger informações confidenciais.

Uma saída respeitosa e digna do colaborador demonstra que

a empresa valoriza e reconhece suas contribuições durante seu tempo de serviço. Isso é essencial para manter uma boa reputação da empresa no mercado e entre os futuros talentos que possam se interessar em trabalhar na organização.

Além disso, um offboarding adequado ajuda a manter um relacionamento positivo com o ex-colaborador. Isso é valioso, pois pode abrir portas para oportunidades futuras, como parcerias comerciais, indicações de novos talentos ou recontratação caso as circunstâncias mudem.

Por outro lado, um offboarding mal conduzido pode ter consequências negativas significativas. Os ex-colaboradores podem compartilhar experiências negativas nas redes sociais ou em suas redes profissionais, prejudicando a imagem da empresa. Isso pode impactar a atração de talentos e até mesmo afetar as relações com clientes e parceiros comerciais.

Objetivos do Offboarding

O offboarding tem diversos objetivos que visam garantir uma transição suave e positiva tanto para o colaborador quanto para a organização. Alguns dos principais objetivos incluem:

Fornecer uma saída respeitosa e digna para o colaborador: Um offboarding eficiente deve garantir que o colaborador se sinta valorizado e apoiado durante sua saída da empresa. Isso pode envolver fornecer orientação sobre seus direitos e benefícios, bem como ajudá-lo a lidar com a transição emocional.

Garantir a transição suave das responsabilidades e tarefas do colaborador: Durante o offboarding, é essencial garantir que as responsabilidades e tarefas do colaborador sejam transferidas de maneira eficiente para outros membros da equipe. Isso ajuda a manter a continuidade do trabalho e minimizar interrupções.

Minimizar os impactos negativos na equipe e na

produtividade: Uma saída mal gerenciada pode afetar negativamente a moral da equipe e a produtividade. O offboarding adequado envolve comunicar claramente a saída do colaborador à equipe, redefinir as responsabilidades e fornecer suporte adicional, se necessário.

Preservar a propriedade intelectual e a segurança de dados da empresa: Durante o offboarding, é importante garantir que todos os ativos da empresa, incluindo propriedade intelectual e informações confidenciais, sejam protegidos adequadamente. Isso pode envolver a revisão das permissões de acesso, a coleta de equipamentos e a orientação sobre a confidencialidade.

Coletar feedback valioso para melhorias no processo de recrutamento e seleção: O offboarding oferece uma oportunidade valiosa para coletar feedback dos ex-colaboradores sobre sua experiência na empresa. Essas informações podem ser usadas para melhorar o processo de recrutamento e seleção, identificar áreas de melhoria e fortalecer a marca empregadora.

Manter um relacionamento positivo com o ex-colaborador para possíveis oportunidades futuras: Ao finalizar o ciclo de contratação de forma positiva, é possível manter um relacionamento duradouro com o ex-colaborador. Isso pode ser vantajoso para futuras oportunidades de negócios, recontratação ou referências.

Melhores Práticas para um Offboarding Eficiente

Um offboarding eficiente requer um planejamento cuidadoso e a implementação de práticas recomendadas. A seguir, estão algumas melhores práticas a serem consideradas:

Planejamento antecipado: O offboarding deve ser planejado antecipadamente para garantir que todas as etapas sejam executadas de maneira adequada e oportuna. Isso envolve a criação de um plano detalhado que inclua as responsabilidades e tarefas específicas de cada parte envolvida.

Comunicação clara: A comunicação é fundamental durante o processo de offboarding. O colaborador deve ser informado sobre o processo, prazos, benefícios, obrigações pendentes e qualquer documentação necessária. Comunicar de forma clara e transparente ajuda a evitar mal-entendidos e minimizar a ansiedade do colaborador.

Transição de responsabilidades: É importante facilitar a transferência suave das responsabilidades e tarefas do colaborador para outros membros da equipe. Isso pode envolver a documentação de processos, treinamento adicional e acompanhamento durante a transição.

Encerramento administrativo: Durante o offboarding, é necessário gerenciar aspectos administrativos, como a devolução de equipamentos, a resolução de questões contratuais e a atualização de informações em sistemas internos. Garantir que todos os itens administrativos sejam tratados adequadamente é fundamental para encerrar a relação empregador-empregado.

Entrevistas de saída: Realizar entrevistas de saída estruturadas pode fornecer insights valiosos sobre a experiência do colaborador na empresa. Essas entrevistas podem abordar questões relacionadas ao ambiente de trabalho, cultura organizacional, liderança e oportunidades de desenvolvimento. O feedback coletado pode ser usado para melhorar processos internos e aprimorar a experiência dos futuros colaboradores.

Networking e apoio emocional: Durante o offboarding, é importante fornecer apoio emocional ao colaborador que está se desligando. Isso pode incluir orientações sobre transição de carreira, networking, suporte para encontrar novas oportunidades e programas de aconselhamento, se disponíveis. Demonstrar preocupação com o bem-estar do colaborador durante esse período de transição é essencial para manter um relacionamento positivo.

Conclusão:

O offboarding é uma etapa essencial no ciclo de contratação que muitas vezes é negligenciada. No entanto, sua importância não deve ser subestimada. Um offboarding eficiente ajuda a preservar a imagem da empresa, fortalecer as relações com ex-colaboradores e proteger informações confidenciais. Ao adotar as melhores práticas mencionadas neste capítulo, as organizações podem garantir uma transição suave e positiva, tanto para os colaboradores que estão saindo quanto para a empresa como um todo.

UNIDADE 8

*Desafios e Tendências do
Recrutamento e Seleção*

No cenário empresarial em constante evolução, o recrutamento e seleção de pessoas enfrentam uma série de desafios e estão sujeitos a tendências emergentes. Neste capítulo, exploraremos os principais obstáculos que as organizações enfrentam ao atrair e escolher talentos, bem como as tendências que moldam o futuro dessa área. Compreender esses desafios e estar ciente das tendências pode ajudar os profissionais de RH a otimizar suas práticas de recrutamento e seleção.

Escassez de talentos:

Um dos desafios mais significativos no recrutamento e seleção é a escassez de talentos qualificados. À medida que a economia global se expande e novas indústrias surgem, a demanda por profissionais altamente capacitados supera a oferta. Isso exige que as empresas sejam proativas na busca de talentos, adotando estratégias como a construção de um employer brand forte, a utilização de canais de recrutamento diversificados e o desenvolvimento de programas de retenção de funcionários.

Competição acirrada:

A competição entre as organizações em busca dos melhores talentos é intensa. Empresas de diversos setores lutam para atrair candidatos altamente qualificados. Nesse contexto, é crucial desenvolver uma estratégia de recrutamento diferenciada, destacando os valores e benefícios únicos oferecidos pela empresa. Além disso, a agilidade e eficiência no processo seletivo são essenciais para garantir a atração e a retenção de candidatos de alto potencial.

Diversidade e inclusão:

A diversidade e a inclusão têm sido temas cada vez mais relevantes no mundo corporativo. No entanto, muitas empresas enfrentam desafios na criação de equipes verdadeiramente diversas e inclusivas. O recrutamento e seleção desempenham um papel fundamental nesse processo, pois é necessário adotar práticas que promovam a igualdade de oportunidades e reduzam vieses inconscientes. A utilização de testes de competências neutros e a ampliação dos canais de recrutamento são medidas que podem ajudar a alcançar uma maior diversidade no quadro de funcionários.

Transformação digital:

A transformação digital está revolucionando o processo de recrutamento e seleção. O uso de inteligência artificial, análise de dados e automação está ganhando cada vez mais espaço, oferecendo eficiência e precisão às atividades de recrutamento. Ferramentas como sistemas de rastreamento de candidatos, entrevistas virtuais e testes online estão se tornando comuns. No entanto, é importante equilibrar o uso da tecnologia com a humanização do processo, garantindo uma experiência positiva para os candidatos.

Employer branding:

A marca empregadora (employer brand) tornou-se um fator-chave na atração e retenção de talentos. A reputação da empresa, sua cultura organizacional e a percepção dos candidatos sobre o ambiente de trabalho desempenham um papel significativo na decisão de se candidatar a uma vaga. As empresas precisam investir na construção de uma imagem positiva e autêntica, comunicando seus valores e oferecendo uma experiência consistente durante o processo seletivo.

Inteligência artificial e análise de dados:

A inteligência artificial e a análise de dados têm um impacto substancial no recrutamento e seleção. A capacidade de analisar grandes volumes de dados e identificar padrões permite a tomada de decisões mais informadas. Algoritmos de seleção de currículos, análise de perfis nas redes sociais e previsão de desempenho são apenas alguns exemplos de como a IA e a análise de dados estão moldando o processo seletivo. No entanto, é fundamental garantir a ética e a transparência no uso dessas tecnologias.

Recrutamento remoto:

A pandemia de COVID-19 acelerou a adoção do recrutamento remoto. Entrevistas virtuais, testes online e integração de funcionários à distância se tornaram práticas comuns. Essa tendência provou ser eficiente em termos de economia de tempo e alcance de talentos globais. Mesmo após a pandemia, espera-se que o recrutamento remoto continue sendo uma opção viável, proporcionando flexibilidade tanto para as empresas quanto para os candidatos.

Conclusão:

O recrutamento e seleção de pessoas enfrentam uma série de desafios no ambiente empresarial atual, desde a escassez de talentos até a competição acirrada e a necessidade de promover a diversidade e a inclusão. No entanto, também estão surgindo tendências promissoras, como a transformação digital, o foco no employer branding e o uso da inteligência artificial. Ao compreender esses desafios e tendências, os profissionais de RH podem adaptar suas estratégias e práticas para atrair, selecionar e reter talentos de maneira eficaz.

CONCLUSÃO

Neste livro, exploramos em profundidade o campo do recrutamento e seleção de pessoas, abordando desde os conceitos básicos até as práticas mais avançadas. Ao longo dos capítulos, discutimos a importância de um processo seletivo eficiente, desde o planejamento inicial até a integração dos novos colaboradores.

Destacamos a necessidade de estabelecer uma estratégia sólida de recrutamento, adaptada às necessidades e objetivos de cada organização. Vimos a importância de construir um employer brand forte, que transmita os valores e a cultura da empresa, atraindo candidatos alinhados com a visão e missão organizacionais.

Abordamos as diferentes etapas do processo seletivo, desde a triagem inicial dos currículos até as entrevistas e avaliações de competências. Discutimos a importância de adotar práticas inclusivas, reduzindo vieses inconscientes e promovendo a diversidade nas equipes de trabalho.

Ao longo do livro, também exploramos as tendências emergentes nessa área, como a transformação digital, a inteligência artificial e a análise de dados. Essas tecnologias estão moldando o futuro do recrutamento e seleção, trazendo eficiência e precisão para as atividades de seleção de talentos.

Por fim, destacamos os desafios que as organizações

enfrentam, como a escassez de talentos e a competição acirrada. No entanto, ressaltamos que, ao estar ciente desses desafios e acompanhar as tendências, os profissionais de RH podem se adaptar e desenvolver estratégias eficazes para superá-los.

Espero que este livro tenha fornecido uma base sólida de conhecimento e práticas para o recrutamento e seleção de pessoas. Lembre-se de que esse é um campo em constante evolução, exigindo aprendizado contínuo e adaptação às mudanças do mercado.

Desejo-lhe sucesso em sua jornada como profissional de RH e na busca por talentos que impulsionarão o crescimento e o sucesso de sua organização. Que o recrutamento e seleção se tornem uma poderosa ferramenta para construir equipes excepcionais e alcançar resultados extraordinários.

Boa sorte e obrigado por escolher este livro como seu guia para o recrutamento e seleção de pessoas.

SOBRE O AUTOR

Davi Rodrigues Marques

Davi Rodrigues Marques é estudante de fonoaudiologia na Universidade Franca, e Gestão de Recursos Humanos na Cruzeiro do Sul Virtual.

LIVROS DESTE AUTOR

O Legado Dos Elementos - O Desequilíbrio Dos Elementos / A Ascensão Dos Elementais / A Harmonia Ressurgente : A Trilogia Completa Em Único Livro

Em um reino mágico chamado Mythoria, a jovem corajosa Aurora descobre que o equilíbrio entre os elementos está ameaçado. Com a habilidade de controlar a água, ela embarca em uma jornada para restaurar a harmonia perdida. Reunindo um grupo de heróis representando os diferentes elementos, eles enfrentam o poderoso feiticeiro Malachar, determinado a obter o controle dos quatro elementos. Enquanto desvendam segredos ocultos e aprofundam seus poderes, Aurora e sua equipe se preparam para o confronto final. A batalha épica decidirá o destino de Mythoria.

No segundo livro, "A Ascensão dos Elementais", Aurora enfrenta uma nova ameaça: os próprios elementos se voltam contra a humanidade. Ela deve descobrir a causa dessa rebelião e encontrar uma maneira de apaziguar a ira dos elementos antes que seja tarde demais. Confrontando o passado e buscando a sabedoria dos antigos guardiões, Aurora enfrenta uma corrida contra o tempo para reparar os erros do passado e unir os elementos novamente.

No terceiro e último livro, "A Harmonia Ressurgente (Aventura Final)", Aurora e seus aliados enfrentam o maior desafio enquanto o reino de Mythoria encara uma ameaça iminente. Em uma busca perigosa, eles enfrentam terras desconhecidas, traições inesperadas e criaturas poderosas. Alianças improváveis são forjadas e o verdadeiro poder da união é revelado. Em uma batalha épica, os heróis lutam para trazer a harmonia de volta a Mythoria, restaurando a magia e a esperança.

A trilogia "O Legado dos Elementos" é uma saga épica de fantasia que mergulha os leitores em um mundo encantador, repleto de magia, aventura e emoção. Explore temas de equilíbrio, união e autodescoberta enquanto acompanha Aurora e seus aliados em sua luta pela paz duradoura em Mythoria. Prepare-se para a batalha final e descubra se a harmonia pode realmente ressurgir neste reino mágico.

O Mistério Da Casa Abandonada

Lucas, um jovem curioso, decide investigar a assustadora casa abandonada em Ravenwood. Ignorando os avisos sobre os perigos ocultos, ele desvenda segredos sombrios e libera uma força maligna. Agora, ele precisa alertar a cidade e unir seus habitantes para enfrentar o mal que ameaça consumi-los. "O Mistério da Casa Abandonada" é um conto de suspense, mistério e coragem, que nos mostra as consequências de mexer com o desconhecido e a importância da união em momentos de adversidade.

www.ingramcontent.com/pod-product-compliance
Lightning Source LLC
LaVergne TN
LVHW021007200726
843506LV00012B/2210